Reglement für die Königlich Sächsische

leichte Infanterie zu den Uebungen

außer der geschlossenen Ordnung

vom Jahre 1810

herausgegeben von Jörg Titze

AF272117

Beiträge zur sächsischen Militärgeschichte zwischen
1793 und 1813

Heft 18

— ·14 —

Ist die linke Flügelrotte eine Nummer Eins,
so bleibt sie isolirt für sich, und verhält sich so, wie
es der sogenannten blinden Rotte bey der Formirung in zwey Gliedern vorgeschrieben worden ist.
Nehmlich, der Mann aus dem 2ten Gliede rückt
rechts neben dem Mann im 1sten Gliede und der
Mann im 3ten Gliede stellt sich zwischen Beyde im
zweyten Gliede.

Alles Uebrige bleibt unverändert, wie es die
Vorschrift zum Debandiren eines Trupps in zwey
Glieder rangirt enthält.

IVter Abschnitt.

Von den Bewegungen in ausgedehnter Ordnung.

§. 6.

Alle Bewegungen debandirter Linien müssen
rasch und mit möglichster Bequemlichkeit der Mannschaft, aber mit Ordnung, Anstand und Stille
ausgeführt werden. Die Kadenz des Ordinär oder
Manövrirschritts ist 90 Schritt in der Minute
und die des Geschwindschritts 120 in einem gleichen Zeitraume. Die Leute müssen aber auch gewöhnt werden, beträchtliche Strecken Wegs im
Trab und im vollen Lauf zurückzulegen.

Da die Rotten armfrey marschiren, so ist es
ganz unnöthig, daß sie gleichen Tritt halten. Jede
Rotte geht nach ihrer Bequemlichkeit; aber die
Distanzen zwischen den Rotten, und die Richtung

Faksimile der Seite 14

Reglement

für

die Königlich Sächsische

leichte Infanterie

zu den Uebungen außer der geschlos-

senen Ordnung

Dresden

Gedruckt in der Königlichen Hofbuchbuchdruckery

Bibliographische Information der Deutschen
Bibliothek

Die Deutsche Bibliothek verzeichnet diese Publikation
in der Deutschen Nationalbibliographie; detaillierte
bibliographische Daten sind im Internet über
http://dnb.ddb.de abrufbar.

Die Deutsche Bibliothek – CIP – Einheitsaufnahme

Jörg Titze (Hrsg.)

Reglement für die Königlich Sächsische leichte
Infanterie zu den Uebungen außer der geschlossenen
Ordnung vom Jahre 1810 / herausgegeben von Jörg
Titze. (Text Jörg Titze; Noten Thoralf Titze) –
Herstellung und Verlag: Books on Demand GmbH,
Norderstedt, 2011

ISBN 978-3-8448-0544-4

Herstellung und Verlag:

Books on Demand GmbH, Norderstedt

Einleitung

Die im Jahre 1810 aus den Regimentsschützen errichteten beiden leichten Infanterie-Regimenter erhielten für die spezielle Verwendung als leichte Infanterie ein besonderes Reglement.

Der nachfolgende Abdruck gibt dieses Reglement (bis auf diese Einleitung) im Originalwortlaut wieder. Wie der Titel „Reglement für die Königlich Sächsische leichte Infanterie zu den Übungen außer der geschlossenen Ordnung" besagt, galten für die anderen Bereiche andere Vorschriften. Diese waren:

a) für die geschlossene Ordnung:

„Exerzirreglement für die Churfürstlich Sächsische Infanterie vom Jahre 1804" und die

„Zusätze und Berichtigungen zum Exerzirreglement von 1804" aus dem Jahre 1810

b) für die Rekrutenausbildung

„Zur Ausarbeitung des Neuen Mannes" von 1804 mit den Berichtigungen von 1810

c) für die Regiments-(Scharf-)Schützen:

„Uibungen für die Scharfschützen der Churfürstlich Sächsischen Infanterie" von 1804. (sh.Heft 17 der Reihe)

In seiner Organisation war ein leichtes Regiment einem Linien-Regiment zu zwei Musketier-Bataillons vollkommen gleich und konnte im Bedarfsfalle auch als solches eingesetzt werden. Es wurde daher ein solches Regiment außerhalb des leichten Dienstes wie ein normales Linienregiment – auch reglementsseitig – behandelt.

Jörg Titze

Vorerinnerung

Es wird unbedingt vorausgesezt, dass der leichte Infanterist zuvörderst in allem dem geschickt gemacht werde, was von einem Linien-Infanteristen gefordert wird, und da hiernächst ein leichtes Infanterieregiment in der geschlossenen Ordnung einem Linien-Infanterieregiment ganz gleich zu stellen ist: so wird die leichte Infanterie in Betreff der Ausarbeitung der Rekruten, der Formirung der Kompagnien und der Bataillons, der Schargirung und der Evoluzionen in geschlossener Ordnung, - mit einem Worte – in Absicht alles dessen, was zu den Forderungen einer guten Linien-Infanterie gehört, auf die, der Linien-Infanterie diesfalls gegebenen, Vorschriften verwiesen.

Es fließt also hieraus, dass ein leichter Infanterist zuvörderst zu einem guten Linien-Infanteristen gebildet werden muß, bevor man zu dem Unterrichte dessen übergeht, was er als leichter Infanterist zu erlernen hat. So wie im Einzelnen, so ist es auch mit dem Ganzen. Ein Bataillon oder ein Regiment leichter Infanterie darf nicht eher die Uebungen in ausgedehnter Ordnung vornehmen, bevor es nicht den Forderungen eines Linien-Infanterieregiments vollkommen entspricht.

I^ster Abschnitt

§ 1

Da eine Kompagnie leichte Infanterie stets in der Verfassung seyn muß, in die ausgedehnte Ordnung übergehen zu können, so ist es erforderlich, daß die Eintheilung der Mannschaft zum Debandiren beym Aufstellen der Kompagnie geschehe.

Nachdem die Kompagnie visitirt und formirt ist, so giebt der Kommandant derselben das Avertissement:

zum tirailliren!

Auf dieses Avertissement numerirt sich die Mannschaft des 1sten Gliedes unter sich, indem der rechte Flügelmann anfängt, laut zu sagen: Eins, sein Nebenmann: Zwey, der daruf folgende: Eins, und der Vierte: Zwey. Diese Zählung von Eins und Zwey wird in dem ersten Gliede bis zu dem linken Flügelmann fortgesetzt. Die Nummer des Mannes im 1sten Glied dient für die ganze Rotte. Die Numerirung muß daher laut und deutlich geschehen.

II^ter Abschnitt

Von der ausgedehnten Ordnung im Allgemeinen und von den Signalen

§ 2

Um den Zweck, die Linie in beträchtlicher Entfernung und Ausdehnung decken, und in jeder Art von durchschnittenem Terrain fechten zu können, gehörig zu entsprechen, ist es von äußerster Wichtigkeit, die Mannschaft der leichten Infanterie dahin anzuweisen, daß sie, wenn auch alle Rotten durch größere oder geringere Zwischenräume von einander getrennt sind, dennoch ihre Stellungen und Bewegungen mit Ordnung und Zusammenhang bewerkstelligen, dem Feinde durch ihr Feuer schaden und sich dagegen möglichst gegen das Seinige und gegen den Angriff der verschiedenen Truppenarten desselben beschützen und vertheidigen zu können.

Das Fechten in ausgedehnter Ordnung ist eben sowohl gewissen Regeln unterworfen, und muß eben auch nach bestimmten Grundsätzen angewiesen werden, als das Fechten in geschlossener Ordnung oder in der Linie. Ist es bey einer Linien-Infanterie nöthig, sehr genau auf die mechanische Geschicklichkeit und das pünktliche Zusammentreffen der einzelnen Stellungen, Griffe und Bewegungen zu sehen; so wird bey einer debandirten Linie, wo jede Rotte einen besonderen Körper ausmacht, der öfters seinen eigenen Kräften überlassen ist, vorzüglich geübte Gewandheit des ganzen Körpers, Schnelligkeit, Aufmerksamkeit, Bedachtsamkeit und Geistesgegenwart erfordert. Es ist gewiß, daß den leichten Truppen alle wesentlichen Uebungen des Linien-Dienstes, auch bey dem Fechten in ausgedehnter Ordnung, sehr zu statten kommen, und deswegen werden auch diese Uebungen, bis zu einem gewissen Grade der Vollkommenheit als Bedingung vorausgesetzt.

§ 3

Es ist indesen nicht möglich, eine weit ausgedehnte Linie blos mit Hülfe der Stimme zu kommandiren. Daher die Einführung der Signalhörner, um durch diese gewisse weithörbare Zeichen, zu allen nöthigen Veränderungen in der ausgedehnten Ordnung geben zu können, deren Ausführung schnell und mit Zuversicht geschehen muß.

§ 4

Die Signale müssen sehr einfach, wohl von einander zu unterscheiden und an Zahl so wenig als möglich seyn. Da bey den wenigen Tönen eines Signals solches zum ersten Male überhört oder nicht gehörig verstanden werden könnte; so wird Jedes von dem Staabshornisten, - der stets um die Person des Kommandeurs seyn muß – zwey Mal hinter einander geblasen, und dann von den Kompagniehornisten ebenfalls zwey Mal wiederholt. Alles bleibt während des Blasens in dem vorigen Zustande und erst auf den letzten Ton der Wiederholung wird die angedeutete Wendung oder Bewegung ausgeführt.

Für die geschlossene Linie braucht man gar keine Signale; hier wird Alles durch die Stimme kommandirt. Für die ausgedehnte Ordnung sind folgende Signale unentbehrlich, die hiermit zum Gebrauch vorgeschrieben und zu mehrer Deutlichkeit in Noten beygefügt werden.

1. Achtung! oder Ruf!

2. Rechts! und

3. Links! voraus zuschickendes Avertissement zu jeder Bewegung ob sie rechts oder links geschehen soll.

4. Auseinander! Wird noch ein Mal auseinander geblasen, so öffnen sich die Rotten um die doppelte, geschieht es zum dritten Male, so öffnen sie sich um die dreyfache anfängliche Distance u.s.w.

5.   Vorwärts oder Avancirt! und

6.   Zurück oder Retrirt!   Werden diese Signale vier Mal hintereinander geblasen, so bedeutet es Geschwindschritt. Wird ohne Aufhören geblasen: Lauft!

7.   Wendung! oder die Silbe um! (Das Avertissementssignal: Rechts oder Links: wird vorausgeschickt, und nach einem kurzen Halt, das Signal der Wendung gegeben.)

8.   Ziehen! (Das was bey der Wendung von den Avertissementssignal gesagt worden ist, findet auch hier seine Anwendung.)

9.   Flügel vor! oder Schwenken! (Das Avertissementssignal Rechts oder Links wird ebenfalls hier zuvor geblasen. Soll z.B. der rechte Flügel vorgenommen werden, - also eine Linksschwenkung – so wird zuvor Rechts! und alsdann Flügel vor! geblasen.)

10.   Halt!

11.   Zusammen! (Soll sich die debandirte Mannschaft in der Mitte der Linie sammeln, so wird einzig das Signal: Zusammen! gegeben. Soll aber das Sammeln auf einem Flügel geschehen, so muß das Avertissementssignal: Rechts oder Links! vorausgehen.)

12.   Plänkler vor! oder Schützen vor!

13.   Schützen zurück!

14.   Nicht schargirt!

Jeder Offizier und Unteroffizier ist hiernächst mit einem kleinen Pfeifchen versehen, welches an einem Bande um den Hals getragen wird. Ein solches

Pfeifchen ist in waldichten Gegenden und da, wo man sich durch das Horn nicht verrathen will, von großem Nutzen. Die nothwendigsten Signale mit dem Pfeifchen sind:

1. Achtung! oder Ruf!
2. Rechts!
3. Links!
5, Vorwärts
6. Zurück
10. Halt!
11. Zusammen

III^ter Abschnitt

Anweisung zum Debandiren

§ 5

4tes Signal: Auseinander!

Ein Trupp kann sich entweder aus der Mitte, oder von einem der Flügel aus debandiren.

Ist der Trupp in zwey Gliedern aufgestellt, und geschieht die Ausdehnung aus der Mitte, so bleibt die mittelste Rotte unbeweglich stehen; alle übrigen Rotten vom rechten Flügel machen auf das Kommando oder den lezten Ton des Hornes Rechts um, und die Rotten des linken Flügels Links um, und treten ohne weiteres an, die ersten 6 bis 8 Rotten im Geschwindschritt, alle übrigen laufend. Sobald die zwey zur Rechten und Linken der mittelsten am nächsten stehenden Rotten, Fünf Schritte von ihr entfernt sind, bleiben sie stehen und machen Front, die Richtung nach der Mitte nehmend. Die folgenden

Rotten bleiben in der Bewegung, bis sie gewahr werden, daß ihre Nebenrotte steht, und sie Fünf Schritt von ihr entfernt sind, worauf sie ebenfalls stehen bleiben, Front machen und sich nach der Mitte aligniren. Während dieses Auseinanderlaufens wird das Gewehr an die linke Seite heruntergebracht, das Bajonet abgenommen und in die Scheide gesteckt, hierauf aber das Gewehr in die rechte Hand ebenfalls zur Seite genommen, bis dahin, wo die Rotte stehen bleibt und Front macht. Ist der Mann an diesen seinen Punkt angekommen, so legt er das Gewehr in den vor dem Körper gekrümmten linken Arm und umfaßt mit der rechten Hand die Dünnung mit ausgestrecktem Arme dergestalt, daß die Mündung in die Höhe komme, und der linke Nebenmann nicht beschädigt werden könne, wenn das Gewehr zufällig los gienge. Die linke Hand liegt über der rechten, welche die Dünnung, oder den Hals des Kolbens umfaßt hält. Der im zweyten Gliede stehende Mann tritt zugleich um zwey Schritte zurück und dann um einen Schritt rechts seitwärts, so, daß sein ganzer Körper frey und ungedeckt vom Vordermanne erscheint.

Ist eine blinde Rotte vorhanden, so macht diese mit der ihr zur Rechten stehende gemeinschaftliche Sache. Die beyden Mann im Vordergliede – der vorletzten und der blinden Rotte – sind nicht 5 sondern nur 2 Schritt von einander getrennt, der Hintermann aber tritt, nachdem er 2 Schritt zurückgegangen ist, nicht rechts, sondern links über, so, daß er frey durch den Zwischenraum der beyden Vordermänner durchsieht. Diese Regel ist auch auf den Fall überzutragen, wenn ein Mann von der Rotte austreten muß, blessirt oder todtgeschossen wird. In diesem Falle vereinigt sich der übrig bleibende Mann der Rotte mit der Rotte zu seiner Rechten und die nunmehro aus drey Mann bestehende Rotte verhält sich so, wie vorangeführte drey Mann der letzen und der blinden Rotte. Die Unteroffiziere, welche im ersten Gliede stehen, bleiben während des Debandirens an Ihrer nächsten Rotte hängen. Die Offiziere und übrigen Unteroffiziere treten, so wie das Debandiren anfängt, hinter ihren Zug, geben jeder Rotte die nöthigen Hülfen, und sehen vorzüglich darauf, daß Alles schnell von Statten geht, und die Rotten sich in der vorgeschriebenen Distance von einander trennen. Sobald der Kommandirende sieht, daß Alles debandirt ist, und alle Zwischenräume gehörig gewahrt sind, lässt er das Signal 1: Achtung! geben, worauf die Mannschaft die Augen rechts wirft, um von dem Kommandirenden zwischen den beyden Flügelpunkten und der Mitte eingerichtet zu werden, wenn die Linie nicht schon in diesem Alignement stehen sollte. – Wie sich die Offiziers beym Debandiren eines Bataillons zu verhalten haben, wird späterhin bestimmt werden.

Wird aus einem andern Punkte, als dem der Mitte debandirt, so wird die Rotte, welche stehen bleiben soll, vor dem Auseinanderblasen genennt. Es wird übrigens gerade wie vorhin verfahren, indem die bestimmte Rotte, ganz wie dort die mittelste, zu betrachten ist.

Soll vom rechten oder linken Flügel auseinandergezogen werden, so bleibt die rechte oder linke Flügelrotte stehen, und alle übrige Rotten machen Linksum oder Rechtsum, um laufend die vorgeschriebene Distance zu erreichen. Die Richtung ist im erstern Falle rechts, und im leztern links.

Wenn eine Linie bereits debandirt ist, und es wird noch Ein Mal Auseinander! geblasen, so öffnen sich die Rotten ganz der obigen Vorschrift gemäß auf die doppelte Distance. Bey einer dritten Wiederholung dieses Signals erfolgt die Ausdehnung bis auf 15 Schritt, und so allezeit von 5 zu 5 Schritten.

Wenn der Trupp in drey Glieder aufgestellt ist, und das 3te Glied nicht zur Reserve erfordert wird, so soll wie folgt verfahren werden:

Auf das Signal: Auseinander! Wird die Wendung gemacht, wie vorhin beschrieben worden. Statt aber, daß jede Rotte die Distance von 5 Schritt zu erlangen sucht, so bleiben in dem gegenwärtigen Falle die Rotten Nummer 1 und 2 beysammen, bis sie die Distance von 15 Schritten erreicht haben. Hierauf machen beyde Rotten, wenn links debandiert wird, Halt, Rechtsumkehr, und schwenken links bis in die Richtungs-Linie. Statt drey Gliedern nun deren nur zweye entstanden. Die Rotte Nummer Eins bildet nunmehr das 1ste Glied der debandirten Linie, und die mit Nummer Zweye bezeichnete Rotte das 2te Glied dieser Linie. Nach vollendeter Linksschwenkung der im Rechtsum stehenden zwey Rotten erweitern sich die Rotten bis auf 5 Schritt, so daß der Zwischenraum von einer Doppelrotte zur andern dadaurch ausgefüllt wird. Wenn rechts debandirt wird, so hat die Doppelrotte, wenn sie die Distance von 15 Schritten erreicht hat, nichts weiter zu thun, als links einzuschenken, indem sie schon in Rechtsum steht, wenn sie auf dem Platz ankommt. Es ist noch zu bemerken, daß das Oeffnen der Rotten, nach der Formirung in zwey Glieder, links geschieht bey dem Linksdebandiren, und rechts bey dem Rechtsdebandiren.

Ist die linke Flügelrotte eine Nummer eins, so bleibt sie isolirt für sich, und verhält sich so, wie es der sogenannten blinden Rotte bey der Formirung in zwey Gliedern vorgeschrieben worden ist. Nehmlich der

Mann aus dem 2ten Glied rückt rechts neben dem Mann im 1sten Gliede und der Mann im 3ten Gliede stellt sich zwischen Beyde im zweyten Gliede.

Alles Uebrige bleibt unverändert, wie es die Vorschrift zum Denbandiren eines Trupps in zwey Glieder rangirt enthält.

IV$^{\underline{ter}}$ Abschnitt

Von den Bewegungen in ausgedehnter Ordnung

§ 6

Alle Bewegungen debandirter Linien müssen rasch und mit möglichster Bequemlichkeit der Mannschaft, aber mit Ordnung, Anstand und Stille ausgeführt werden. Die Kadenz des Ordinär oder Manövrirschritts ist 90 Schritt in der Minute und die des Geschwindschritts 120 in einem gleichen Zeitraume. Die Leute müssen aber auch gewöhnt werden, beträchtliche Strecken Wegs im Trab und im vollen Lauf zurückzulegen.

Da die Rotten armfrey marschiren, so ist es ganz unnöthig, daß sie gleichen Tritt halten. Jede Rotte geht nach ihrer Bequemlichkeit; aber die Distancen zwischen den Rotten, und die Richtung im Ganzen muß mit größter Pünktlichkeit beobachtet werden.

Wenn sich die Linie in Bewegung sezt, nehmen die Leute das Gewehr unter den rechten Arm, so, daß der Kolben unter dem Arme ruht, der Lauf aufwärts, die Mündung aber nach dem Boden zu steht, die rechte Hand das Gewehr ungefähr in der Gegend des 3ten Bundes – oder des 3ten Mütterchens – von unten umfaßt hält, die linke Hand aber frey an der linken Seite herunterhängt. Wird geschwind marschirt oder gelaufen, so umfaßt der Mann das Gewehr etwas höher und läßt den Kolben sinken, dergestalt, daß die Mündung etwas erhaben ist und das Gewehr im wahren Sinne des Wortes! in Balance (ziemlich wagerecht) getragen wird, mit vollkommener Freyheit zu der ungezwungenen Bewegung des rechten Armes.

Die zwey – oder wenn eine blinde Rotte zugetheilt ist – drey Mann einer Rotte, dürfen nie von einander getrennt werden. Dieses ist ein wesentlicher Gegenstand zur besondern Einschärfung des debandirt fechtenden Soldatens.

Die Offiziere und Unteroffiizere, denen nicht ein Platz in dem 1sten Gliede der debandirten Linie späterhin angewiesen wird, und die sonach hinter der Front vertheilt bleiben, sind an keinen bestimmten Platz gebunden. Sie gehen hinter der Front ihrer Züge auf und ab, und suchen, ohne Lärm zu machen, alle Fehler zu verbessern. Vorzüglich leiden sie nicht, daß Jemand einen Laut von sich gebe. Sie selbst aber können die Bedeutung des Signals mit vernehmlicher Stimme den nächsten Rotten zukommen lassen, um, wenn ja ein Mann über die anbefohlne Bewegung noch zweifelhaft wäre, allen daraus entstehenden Irrungen vorzubeugen.

§ 7

5tes Signal: Vorwärts! oder Avancirt!

Auf den letztenTon des, zwey Mal geblasenen Signals tritt die ganze Linie im Odinärschritt an, und jeder Mann nimmt sein Abkommen zur Richtung von der Mitte. Die Mittelrotte dient daher zur Direkzion, und wo möglich muß ein guter Unteroffizier neben derselben marschiren. Die Flügel-Unteroffiziers suchen die Flügel möglichst mit einander und mit der

Mitte in gleicher Höhe zu erhalten und zugleich geradeaus zu marschiren, damit kein Gedränge nach der Mitte entsteht, und so die Distancen klein werden. Das 2te Glied bleibt geöffnet und übergetreten.

Wird im Geschwindschritt vorgerückt oder gelaufen, so müssen die hier angegebenen Regeln nicht aus den Augen gesetzt werden. Soll aus dem Geschwindschritt – oder Laufen wieder in den Ordinärschritt gefallen werden, so ist es besser zur Erhaltung der Ordnung zuvor Halt blasen zu lassen, und dann wieder: Avancirt!

§ 8
6tes Signal: Zurück! oder Retirirt!

Alles macht Rechtumkehrt, und tritt ohne Weiteres den Rückmarsch an, mit Beobachtung alles dessen, was im 7ten § vorgeschrieben worden.

§ 9
7tes Signal: Wendung!

Jede Rotte macht nach der Seite, wohin es das Signal verlangt, eine Viertelswendung ohne den Marsch zu unterbrechen und mit Beybehaltung des Schrittes, in welchem die Linie avancirte oder retirirte. Wird von der Stelle aus in die Flanke marschirt, so tritt jeder Mann, nach gemachter Wendung, ohne ein weiteres Signal zu erwarten, den Marsch in der neuen Direkzion an. Die Mannschaft im 1sten Gliede hält Kolonne und das 2te Glied tritt dicht neben das 1ste Glied, wie in der geschlossenen Ordnung. Soll die debandirte Linie, welche sich gegenwärtig in Kolonne befindet, die Front wieder herstellen, es sey zum Avanciren oder zum Retiriren, so wird dies ebenfalls auf das Signal zur

Wendung bewerkstelliget. Die Glieder öffnen sich alsdann sogleich wieder und das 2te Glied tritt rechts über.

Wenn eine geschlossene Linie aus der Flanke marschirt, und sich im Marsche ausdehnen soll, so wird: Auseinander! geblasen. Die lezte oder hinterste Rotte, oder, bey 3 Gliedern, die zwey lezten Rotten, bleiben in dem bisherigen Tritte, und alle andere laufen solange im Trabe, bis sie 5 oder resp. 15 Schritte Distance von den nachfolgenden Rotten haben. Dann verfahren die Doppelrotten, zur Formirung der zweygliedrigen Linie, so, wie es im 5ten § vorgeschrieben worden ist.

Die Bajonette werden im Laufe herunter, und die Gewehre, sobald eine Rotte ihre Distance hat, unter den rechten Arm genommen.

§ 10

8tes Signal: Ziehen!

Die avancirende oder retirirende Linie behält die bisherige Geschwindigkeit des Schrittes und die Distance zwischen den Rotten bey. Jede Rotte macht aber für sich eine Achtelswendung rechts oder links – je nachdem man sich ziehen soll – und marschirt in dieser neuen Direkzion so lange geradeaus fort, bis auf's Neue Vorwärts! oder Zurück! geblasen wird. Die Rotten machen alsdann die Achtelswendung – entgegengesezt der vorigen – und der Frontmarsch wird fortgesetzt.

§ 11

9tes Signal: Flügel vor!

Die Augen werden von den Rotten nach demjenigen Flügel hingewendet, welcher den Pivot macht, entgegengesezt den Regeln der Schwenkung in geschlossener Ordnung. Die Linie bleibt in gleichmäßiger Bewegung, nur daß der Flügelmann des vorgehenden Flügels größere und schnellere Schritte als vorher macht, nach Maßgabe der Schulterdrehung des Pivots. Die Rotten des vorgehenden Flügels vergrößern und beeilen ihre Schritte nach Verhältniß ihrer Entfernung von dem stehenden Flügel-manne, woraus sich ergiebt, daß je näher sie sich am Pivot befinden, desto kleiner und langsamer die Schritte gemacht werden müssen. Die Flügelrotte des Pivot bleibt stehen und macht allmählig die Wendung nach der neuen Direkzion. Auf diese Art wird die Richtung und die Distance in den Rotten besser erhalten, als wenn das Abkommen von dem schwenkenden oder vorgehenden Flügel genommen werden soll. Es muß hiernächst darauf gesehen werden, daß der vorgehende Flügel seitwärts Terrain gewinne, welches ebenfalls nicht wenig dazu beyträgt, die Distancen zu erhalten.

Wird 4 Mal hintereinander: Flügel vor! geblasen, so macht der vorgehende Flügel die Schritte so schnell, als nur ohne laufen möglich ist. Bey anhaltendem Blasen bewegen sich die Rotten des schwenkenden Flügels in vollem Laufe. Die Schwenkung dauert so lange fort, bis irgend ein anderes Signal, als: Vorwärts! – Zurück! – Rechtsum! – Linksum! – oder Halt! erfolgt.

Auch außer dieser Frontbewegung kann das Signal: Flügel vor! im Flankenmarsche angewendet werden. Es sey z.B. die debandirte Linie mit Linksum im

Marsche und soll rottenweise rechts aufmarschiren. In diesem Falle würde das Signal: Rechter Flügel vor! die vorsehende Bewegung deutlich zu erkennen geben. Der linke Flügelmann bleibt stehen, dessen Hintermann zieht sich zwey Schritte zurück und tritt rechts über, die andern Rotten machen die Achtelswendung rechts und marschiren in schnellen Schritten im nächsten Wege auf den Punkt zu, den sie in der aufmarschirten Linie einnehmen sollen. So wie jede Rotte aufmarschirt ist, öffnet sich das 2te Glied vorgeschriebenermaßen. Die Richtung ist links. Sollte im Nothfalle zum Avanciren geblasen werden, ehe alle Rotten aufmarschirt sind, so haben alsdann die die zurück gebliebenen Rotten die Geschwindigkeit zu verdoppeln, um in die Linie zu kommen. Bey Wiederholung des Signals verhalten sich die aufmarschirenden Rotten, wie oben von den schwenkenden gesagt worden.

Zur Erlangung der Stellung im halben Monde wird ebenfalls das Signal: Flügel vor! angewendet, nur müssen vor dem eigentlichen Signale der Handlung beyde Avertissements-signale: Rechts! und Links! mit kleinen Zwischenräumen vorausgeschickt werden, um dadurch anzuzeigen, daß beyde Flügel der debandirten Linie entgegengesezte Bewegungen machen sollen. Die mittelste Rotte bleibt stehen, und die ihr zunächst stehenden Rotten auf beyden Seiten verkürzen ihre Schritte nach Maßgabe ihrer Entfernung von den links resp. rechts schwenkenden Flügeln. Wird das Signal immer hintereinander fortgeblasen, so schließt sich nach und nach der rechte und der linke Flügel zusammen, so, daß das Ganze ein reguläres Vieleck von so vielen Seiten ausmacht, als Rotten vorhanden sind.

Wenn die Flügel sich zur Stellung im halben Monde genug herumgebogen haben, so wird: Halt! oder Vorwärts! geblasen. Im leztern Falle nimmt jede Rotte die Front der mittelsten an und sucht im Avanciren die bogenförmige Stellung beyzubehalten.

Soll die mondförmige Stellung aufgehoben werden, ohne, daß sich die Mitte vorwärts oder rückwärts bewege, so wird das Signal: Achtung! geblasen. Die mittelste Rotte bleibt stehen, und jede andere Rotte folgt ihrem Beyspiele, sobald sie sich in der Linie befindet.

Soll aber die Mitte vorgehen und sollen beyde Flügel während des Vorgehens sich aligniren, so muß nach dem Signale: Achtung! – das Signal: Vorwärts! unmittelbar darauf geblasen werden. Die Rotten aligniren sich, nach Maßgabe, daß die Mitte in ihre Höhe anlangt.

Sollen beyde Flügel refüsirt werden, – also die mondförmige Stellung rückwärts, – so wird ebenfalls das Signal: Achtung! und gleich darauf Vorwärts! geblasen. Die Mitte geht vorwärts, die Flügelrotten bleiben stehen, und die Rotten dazwischen ziehen ihre Schritte ein, nach Maßgabe ihrer Entfernung von der Mitte nach dem Flügel. Eine Wiederholung des Signals: Vorwärts! wird den Flügelrotten anzeigen können, daß die beabsichtigte Stellung erreicht sey und dass sich nunmehr Alles vorwärts in Bewegung sezen solle; oder aber das Signal: Halt! bringt Alles zum Stehen.

§ 12

10tes Signal: Halt!

Auf den lezten Ton der Wiederholung steht Alles still und macht ohne Weiteres Front. Die Augen gehen nach dem Flügel, wo sich der Kommandant befindet, und die Richtung wird schnell hergestellt. Die Leute tragen das Gewehr im linken Arme ruhend, wie es im 5ten § angegeben worden.

§ 13
11tes Signal: Zusammen!

Bey der Bestimmung der Signale ist es bereits bemerkt worden, dass ohne vorheriges Avertissementssignal: Rechts! oder Links! das Signal: Zusammen! alle Mal das Sammeln nach der Mitte anzeige. Eins von jenen Avertissementssignalen vorausgeschickt aber, bezeichnet das Sammeln auf einem der Flügel.

Da es weiterhin bey den Bewegungen in Bataillons als Grundsatz angenommen werden wird, daß die Züge-Plotons oder Halbedivisions, – sich zuvörderst in sich sammeln müssen, bevor sich das Ganze vereinigt, so muß auch schon bey den Uebungen in kleineren Abtheilungen, als die eines Bataillons, hierauf Rücksicht genommen werden. Ist also das Ganze in mehrere Züge eingetheilt gewesen, so sammeln sich die Züge erst in sich, und erwarten dann ein folgendes Signal, was ihnen anzeigen wird, ob das Ganze sich nach dem rechten Flügelzuge, oder nach dem linken Flügelzuge, oder nach dem der Mitte vereinigen solle, oder ob etwa mit den einzeln aufgestellten Zügen Front- oder Flankenbewegungen als nothwendig erheischt werden.

Das Verhalten der Mannschaft beym Sammeln, wenn der Trupp in zwey Glieder aufgestellt war, ist wie folget:

Die mittelste Rotte oder die Flügelrotte, je nachdem rechts oder links gesammelt wird, bleibt stehen; alle übrigen Rotten laufen in möglichster Geschwindigkeit, indem sie die Wendung nach dem Sammlungspunkte gemacht haben, dahin und aligniren sich nach der stehenden Rotte. Während des Laufens tragen sie das Gewehr in der rechten Hand zur Seite, und wenn sie in der Nähe des Sammlungspunktes ankommen, pflanzen sie das Bajonet auf, und rücken mit geschultertem Gewehre in Linie und Rotte ein. Bey der Anweisung gebe der Kommandirende der Rotte, nach welcher gesammelt wird, eine beliebige Frontlinie, um die Leute daran zu gewöhnen, sich in jedem vorfindenden Alignement geschwind einrichten zu können.

Ist der Trupp in 3 Glieder formirt gewesen, so müssen sich zuvörderst die Rotten 1 und 2 wieder vereinigen, um alsdann zusammen – rechts oder links – nach dem Sammlungsplatze zu eilen. Diese Vereinigung geschieht unbedingt nach dem Manne im 1sten Gliede der Rotte Nummer Eins, indem die ihm rechtsstehenden Leute Linksum machen und nach dem Platze laufen, wo jener Mann von Nummer Eins steht. Sollte aber das Sammeln rechts geschehen, so bleibt es zwar bey der eben gegebenen Vorschrift, doch hat sich der Mann im 1sten Gliede der Rotte Nummer Eins rechts zu bewegen, um die Vereinigung der zwey Rotten auf dem Wege nach dem Sammlungsplatze zu bewerkstelligen.

Wird an der Tete einer aus der Flanke marschirenden ausgedehnten Linie zusammen geblasen, so bleibt die erste Rotte in ihrem bisherigen Tritt, und die übrigen schließen sich eiligst heran und nehmen Schritt mit der ersten Rotte. Das Bajonet wird aufgepflanzt und das Gewehr geschultert.

§ 14

Der leichte Infanterist muß mit den Signalen eben so vertraut seyn, als mit den Kommandowörtern in der geschlossenen Linie. Bey der ersten Anweisung zum debandirten Fechten, lasse man Alles nach dem Kommando machen. Zu obigen 10 Signalen – mit Innbegriff der Avertissementssignale: Rechts! und Links! – gehören folgende Kommandos:

Signal 4.	Auseinander!
Signal 5.	Vorwärts marsch!
Signal 6.	Retiriren – kehrt!
Signal 7.	Rechts oder Links – um!
Signal 8.	Rechts oder Links – gezogen!
Signal 9.	Rechter oder Linker Flügel – vo-r!
Signal 10.	Ha---lt!
Signal 11.	Zusammen!

Sobald die Leute auf diese Art sich nur einen Begriff vom Debandiren und den Bewegungen in dieser Ordnung haben machen lernen, nimmt man sie zusammen, erklärt ihnen den Gebrauch der Signale und lässt ihnen solche vorblasen. Alsdann lässt man sie in geschlossener Ordnung nach dem lezten Tone der zwey Mal geblasenen Signale No.5 bis mit 10, avanciren, retiriren, Rechtsum, Linksum machen, rechts und links ziehen, schwenken und halten, und dann erst lässt man auseinander blasen, und darauf bald dieses, bald jenes Signal angeben, bis die Leute am Ende mechanisch auf jedes Signal die richtige Bewegung machen können. Es wird übrigens als unbedingt vorausgesezt, daß die Offiziere und Unteroffiziere mit den Signalen vollkommen vertraut sind.

V^{ter} Abschnitt

Vom Chargiren in der ausgedehnten Ordnung

§ 15

Die Anweisung zum Feuern in der debandierten Linie muß so beschaffen seyn, dass die Soldaten dem Feinde den möglichsten Schaden zu thun und doch dabey theils untereinander selbst, theils durch die Haltung ihres Körpers und durch Benutzung des Lokals – natürliche und künstliche Gegenstände – so viel möglich sich zu decken wissen. Hierzu gehört:

a) Daß der Soldat schnell auf seinen Feind loszugehen, und eben so schnell sich wieder zu entfernen, oder sich heimlich heran und eben so wieder wegzuschleichen wisse.

b) Daß er in einer bestimmten Entfernung seines Schusses ziemlich gewiß sey.

c) Daß die 2 oder 3 Mann einer Rotte keinen Augenblick weiter von einander entfernt sind, als daß sie einander hinlänglich unterstützen können, und daß sie nie zugleich feuern, sondern auch im heftigsten Gefechte immer wenigstens einer davon geladen habe.

d) Daß dem Soldaten gelehrt werde, im Stehen, Sitzen, Knieen und Liegen zu zielen und gehörig zu laden.

Im Stehen hat der debadirte Soldat eine solche Stellung – den linken Fuß vorsetzend – zu nehmen, daß er Festigkeit dadurch erlange. Die Last des Körpers liegt auf dem linken Fuße, dessen Knie gekrümmt ist. Beym Anschlage nimmt er die rechte Seite etwas zurück, um dem Feinde so wenig Breite als möglich zu geben. Das Gewehr wird fest an die rechte Schulter angedrückt, und der zu treffende Gegenstand durch Korn und Gruppe ins Auge gefasst.

Sitzend feuern muß der Soldat beyde Ellenbogen auf die Knie, zu mehrerer Festigkeit des Gewehrs, aufsetzten. Zum Laden nimmt er das Gewehr an der linken Seite etwas zurück.

Wenn der debandirte Soldat kniend feuern will, muß er sich auf das rechte Knie niederlassen, um bey dem Anschlage den linken Ellenbogen auf das linke Knie aufstützen zu können.

Um liegend zu feuern legt sich der Soldat platt auf den Bauch. Beyde Ellenbogen, den linken etwas vorwärts, werden auf die Erde gesetzt, damit das Gewehr mit Festigkeit in die vom Ellenbogen gestützte linke Hand gelegt werden kann. Zum Laden wendet sich der Soldat auf den Rücken, nimmt die Patronentasche vor sich und behält das Gewehr an der linken Seite, dergestalt, daß der Kolben unterwärts kommt, die Mündung nach dem Feinde zu.

Die Offiziere und Unteroffiziere feuern nie mit, sondern gehen hinter der Front auf und ab, sehen zu, daß Ordnung erhalten werde und die Distancen nicht verlohren gehen, auch daß die Glieder gehörig miteinander wechseln. Sie muntern die Leute auf zur Behändigkeit und beym wirklichen Laden zur gehörigen Vorsicht, bey der Anweisung ohne Pulver aber, zur pünktlichen Ausführung aller und jeder Griffe und Tempos. Um jedoch das Gewehr möglichst zu schonen, soll bey dergleichen Uebungen der Hahn nur selten aufgezogen werden.

§ 16

Da im wirklichen Gefecht nur immer derjenige Theil einer debandirten Linie feuert, welcher Feinde schußgerecht vor sich hat, so sind also zum Chargiren keine Signale nöthig. Bey der Anweisung auf dem Exerzierplatze muß aber nothwendig die ganze Linie, sowohl im Stillstehen, als in allen Bewegungen angewiesen werden, so zu schargiren, als wenn jede einzelne Rotte im nehmlichen Augenblike einen Feind vor sich hätte. Wenn daher mit Feuern angefangen werden soll, so geschieht dieses auf das einfache Kommando: Chargirt!. Beyde Glieder ergreifen hierauf sogleich das Gewehr mit der rechten Hand so um den Hals des Kolbens, daß der Daum auf dem Hahne liegt. Die linke Hand hält das Gewehr ungefähr am dritten Mütterchen mit der Mündung etwas weniges aufwärts. Auf ein gegebenes Zeichen auf dem Flügel, wohin die Leute sehen müssen, schlägt das 1ste Glied an, und spannt im Heraufnehmen des Gewehrs zugleich den Hahn mit dem rechten Daumen. Das zweyte Glied erwartet mit fertiggemachtem Gewehre den Zeitpunkt, wo die Reihe zu feuern an dasselbe kommt, worauf es wie das 1ste Glied verfährt. Soll das Feuern aufhören, so wird das Signal: Nicht chargirt! geblasen.

§ 17

Folgende Feuer sind einzuüben:

1.   Auf der Stelle,

2.   Im Avanciren,

3.   Im Retiriren,

4.   Beym Rottenaufmarsche rechts oder links,

5.   Beym Flankenmarsche,

6.   Bey der Flankenbewegung mit abfallenden Rotten.

Das Resultat der Anweisung zum Feuern – sie möge auf dem Exerzierplatze geschehen, wie sie wolle – ist:

jede Rotte feuert für sich, indem der eine Mann den andern unterstützt, und hält sich mit den übrigen Rotten in Verbindung. – Nachdenken und Erfahrung scheinen aber der Einführung des Gliederfeuers – wie es in den folgenden §.§. vorgeschrieben werden wird – zur Anweisung und auch Ausübung auf Exerzier- und Uebungsplätzen, wo der Soldat keinen Feind vor sich hat, das Wort zu reden.

§ 18

1. Auf der Stelle chargirt!

Wenn auf das Kommando: chargirt! beyde Glieder einer stehenden Linie sich nach obiger Vorschrift bereit gemacht haben, sieht das 1ste Glied nach dem rechten Flügel. Der Flügelmann hält ein wenig an, und schlägt alsdann an, welches das 1ste Glied zugleich mit verrichtet. Jeder Soldat legt sich fest in den Anschlag, visirt genau, und zählt 1.2.3.4.5. im Takte des Ordinärschritts, drückt dann los, bleibt noch einen Augenblick im Anschlage liegen, zieht das Gewehr herunter, wie es vor dem Anschlag war, wirft sich zugleich rechtsumkehrt herum, springt eiligst gerade zurück neben die Stelle, wo sein Hintermann stand, macht Front, ladet, und nimmt das Gewehr in die rechte Hand ziemlich wagerecht. – In dem Augenblicke, wo das 1ste Glied zurückspringt, springt das 2te vor, neben die Stelle, wo der Vordermann stand, so, daß nun das hintere Glied links übergerückt steht. - Die wechselnden Glieder müssen ganz gerade vor- und zurückspringen, um einander nicht hinderlich zu seyn. Sobald das 2te Glied vorne ist, nimmt es das Gewehr in Bereitschaft, wie das 1ste vor dem Anschlage. Der rechte Flügelmann sieht sich rückwärts um nach dem 1sten Gliede, und wenn er sieht, daß dasselbe beynahe durchgehends geladen hat, schlägt er an, und mit ihm das ganze 2te Glied. Nach dem Feuern springt das 2te Glied zurück und das 1ste vor u.s.f. bis das Signal: Nicht chargirt! geblasen oder durch ein anderes Signal eine Bewegung und somit eine andere Art von Chargiren hervorgebracht wird.

Beym allerersten Unterrichte zur Chargirung in debandirter Linie läßt man die Leute auf die Kommando's : T'An! Feu'r! anschlagen und losdrücken; sobald sie aber diese Chargirungsart begriffen, fällt alles weitere Kommando nach chargirt! weg.

Wird auf der Erde liegend gefeuert, so wechseln die Glieder nicht; aber das 2te Glied ist, um vom 1sten nicht gehindert zu seyn, 2 Schritte ausgerückt. Jede Rotte feuert hier für sich, jedoch so, daß der eine Mann nicht eher losdrückt, bis der andere geladen hat.

§ 19

2. Im Avanciren chargirt!

Auf das Kommando: Chargirt! bleibt Alles stehen und setzt sich wie oben in Bereitschaft. Das 1ste Glied schlägt nach dem rechten Flügelmann an, feuert und ladet auf der Stelle. Das 2te Glied springt, wenn das 1ste losgedrückt, eiligst 10 Schritt vor dasselbe, schlägt an und feuert, sobald lezteres die Patrone wieder im Lauf hat. Das 1ste, wenn es geladen hat, geht im Ordinärschritt wieder gegen das 2te vor, und wenn dieses losdrückt, springt das 1ste in vollem Lauf 10 Schritte vor das 2te, welches nun wieder ladet, gegen das 1ste vorgeht, und wenn es gefeuert hat, eiligst 10 Schritte vorspringt u.s.f. – Wird das Signal: Nicht chargirt! geblasen, so tritt dasjenige Glied welches hinten ist, gleichviel, ob es das 1ste oder das 2te ist, bis auf 2 Schritte hinter das vordere heran, im ersten Falle links, im zweyten rechts übergerückt; die Linie bleibt aber im Avanciren, bis ein anderes Signal geblasen wird.

Wenn während des Feuerns eine debandirte Linie durch eine Achtelswendung der Rotten sich rechts oder links ziehen soll, so kann dabey immer mit dem gliederweisen Chargiren nach der angegebenen Methode fortgefahren werden.

§ 20

3. Im Retiriren chargirt!

Die Linie steht auf: Chargirt! still in Bereitschaft. Das 1ste Glied feuert wie beym Chargiren auf der Stelle, springt hinter das 2te und geht alsdann im Ordinärschritte so lange rückwärts fort, bis es 10 Schritte dahinter ist. Während dieses Zurückgehens ladet es. Wenn geladen ist, feuert das 2te Glied, läuft so schnell als möglich hinter das 1ste und geht dann im Laden langsam weiter bis auf 10 Schritte u.s.f.

§ 21

4. Chargiren beym Rottenaufmarsche rechts oder links!

Die erste Rotte fängt sogleich an, nach obiger Vorschrift auf der Stelle zu feuern. Die andern machen dasselbe, sobald sie in der Richtung sind. Jede Rotte fährt hierauf fort, so lange für sich auf der Stelle zu schargiren, bis etwas anders befohlen wird.

§ 22

5. Chargiren beym Flankenmarsche!

Das dem Feinde am nächsten marschirende Glied macht Halt, einen Schritt seitwärts und Front gegen den Feind, schlägt an und feuert; darauf springt es sogleich neben das andere Glied, das im Marsche geblieben ist, und zwar dergestalt auf die entgegengesezte Seite, daß dieses jetzt dem Feind am nächsten ist. Während nun das Glied, welches zuerst gefeuert hat, im Marsche ladet, tritt das andere vor und feuert, wenn das erstere geladen hat u.s.f.

§ 23

6. Mit abfallenden Rotten chargirt!

Die Linie welche sich seitwärts bey einem heftigen Feuer ziehen soll, steht entweder noch stille und schargirt auf der Stelle, oder sie ist schon im Flankenmarsche begriffen. Im leztern Falle lässt man halten und sogleich auf der Stelle zu schargiren anfangen. Soll nun die Linie sich rechts ziehen oder rechts in die Flanke weiter marschiren, so wird kommandirt:

Mit Rotten vom linken Flügel rechts abgefallen!

Die linke Flügelrotte macht rechtsum, zieht sich zusammen, und marschirt, das Gewehr in der rechten Hand ziemlich wagerecht tragend – im Geschwindschritte, ohne jedoch zu laufen, schräg nach dem Hintermanne der 2ten Rotte vom linken Flügel und dann fort längs dem Rücken des 2ten Gliedes der Linie hin nach deren rechten Flügel. Wenn die 1ste Rotte hinter die 3te gekommen ist, folgt die 2te ebenso; dieser die 3te wenn sie hinter der 4ten Rotte ist u.s.f. Alle stehen bleibenden Rotten, hören nicht auf, jede für sich, ein lebhaftes Feuer zu machen, bis die Reihe des Abfallens an sie kommt. Wenn die linke Flügelrotte solchergestalt hinter die rechte Flügelrotte gekommen ist, so wird gerade die Hälfte der Rotten stehen und feuern, während die andere hinter derselben her marschirt. Sobald die linke Flügelrotte demaskirt ist, marschirt sie mit gehöriger Distance neben der rechten in der Verlängerung der Frontlinie auf, macht Front, richtet sich links ein und fängt sogleich zu schargiren an. Die 2te, 3te und 4te u.s.w. folgen ihr nach und nach im Aufmarsch, sobald sie demaskirt sind. Die rechte Flügelrotte fällt zulezt ab, und ihr folgt wieder die linke Flügelrotte, wenn der Marsch auf diese Art noch fortgesetzt werden soll. So wickelt sich die Linie unaufhörlich am linken Flügel ab und am rechten Flügel auf, während die Hälfte der Rotten steht und feuert bis der Kommandant die Bewegung am linken Flügel hemmt. Es ist eben so wenig hierzu ein Signal nöthig; denn wenn der Kommandant der linken Flügelrotte den Befehl zum Abfalle giebt, so ist dies Anleitung genug für die übrigen Rotten, dasselbe zu thun. Die schließenden Offiziere und Unteroffiziere müssen für das richtige Abfallen der Rotten sorgen.

Soll die debandirte Linie auf dieselbe Art sich links fortbewegen, so wird nach den nehmlichen Grundsätzen im umgekehrten Verhältnisse verfahren.

VI^{ter} Abschnitt

1ste Abtheilung

Anweisung zu dem Tirailliren eines Bataillons, mit möglichster Rücksicht auf alle dabey vorkommende Fälle

§ 24

Zu dem Tirailliren eines Bataillons muß der Grundsatz vorausgehen, daß das Ganze nie in die zerstreute Ordnung übergehen darf, wenn es nicht einen andern geschlossenen Trupp, der die Stärke des Drittels der debandirten Truppen haben muß, hinter sich aufgestellt hat.

Das Tirailliren eines Bataillons zerfällt eigentlich in zwey Theile; oder vielmehr, es giebt zwey Methoden zur zerstreuten Fechtart, oder auch zwey Mittel zum Zwecke zu gelangen. Beyde haben ihr eigenthümliches Gutes, mithin sollen beyde Methoden in diesem Reglement vorgetragen werden, so wie beyde Mittel zu Erreichung des Endzwecks empfohlen werden können. Und zwar:

1.) Das Tirailliren des 1sten Gliedes, oder der beyden vordersten Glieder. Im lezten Falle wird aus dem zurückbleibenden 3ten Glied eine geschlossene Reserve formirt.

2.) Das Tirailliren einzelner Züge, ganzer Divisions, mit einem Worte: Theile des ganzen Bataillons zu 3 Gliedern formirt, welche nicht ⅔ des Ganzen übersteigen, weil von dem Grundsatze ausgegangen wird, daß ⅓ des Ganzen stets zur Reserve aufgestellt seyn muß.

§ 25

Formirung der Reserve aus dem 3ten Gliede

Die Reserve besteht aus 4 Zügen in 2 Gliedern. Sie werden folgendermaßen formirt. Sobald die zwey vordern Glieder in die ausgedehnte Ordnung übergehen, sezt sich das 3te Glied der 1sten und 3ten halben Division durch Linksum vor dem 3ten Gliede der 2ten und 4ten halben Division; desgleichen die 6te und 8te halbe Division hinter dem 3ten Gliede der 5ten und 7ten halben Division. Der nunmehr formirte 1ste und 4te Zug, rücken im Geschwindschritte an den 2ten und 3ten Zug heran, wenn es erfordert werden sollte, die Reserve in der Mitte zusammenzuziehen. Außerdem können auch die 4 Züge auf ihrem Formirungsplatze stehen bleiben, oder aber der 2te Zug zieht sich an den 1sten und der 3te an den 4ten Zug, so, dass die Reserve auf beyden Flügeln der ursprünglichen Stellung des Bataillons sich formirt.

Wenn zwey Stabsoffiziere bey dem Bataillone sind, so befehligt der 2te Staabsoffizier die Reserve. Außerdem aber der älteste Kapitän des Bataillons.

Sind alle Offiziere bey einer Kompagnie zugegen, so bleibt der Souslieutenant bey der Reserve und ist der Anführer des aus dem 3ten Gliede der Kompagnie formirten Zugs. In Ermangelung des Premier- oder 1sten Souslieutenants, bleibt der 2te Souslieutenant der Kompagnie bei der Reserve.

Von jeder Kompagnie müssen zwey Unteroffiziere von den schließenden zur Reserve bestimmt seyn. Desgleichen zwey Hornisten.

Wenn nicht besondere Umstände eintreten, so bleiben die Zimmerleute und sämmtliche Tamboure bey der Reserve.

Ueber das Verhalten der Reserve lassen sich keine Regeln festsetzen. Sie kann vielleicht mit Vortheil postirt werden, und hier ihre weitere Bestimmung aus dem Resultate des Gefechts erwarten. Sie kann auch der tiraillirenden Linie in gewisser Entfernung folgen und jeden vortheilhaften Posten benutzen, um sich zur Unterstützung derselben aufzustellen. Oder aber sie kann in die ausgedehnte Ordnung übergehen müssen, um die tiraillirende Linie zum Theil abzulösen, oder zu verstärken. Es ist nöthig, daß die Zugskommandanten die Rotten nummeriren, sobald die Formirung der Züge erfolgt ist.

2te Abtheilung

Debandiren

§ 26

a.) Debandiren des 1sten Gliedes

Auf das Kommando des Bataillonskommandanten:

H.A.! 1stes Glied zum ttrailliren vorwärts

Marsch – Marsch!

nimmt jeder Mann im 1sten Gliede das Gewehr in die rechte Hand – wagerecht – und läuft 20 Schritte gerade vor. Hier bleibt Alles stehen und wirft die Augen nach der Mitte, wo der Offizier der 5ten halben Division den ersten Rotten rechts und links die Richtung anzugeben hat. Nach zurückgelegten 20 Schritten – während dessen das Signal: Auseinander! gegeben wird – öffnen sich die ungeraden Nummern – oder die mit Eins bezeichneten Leute – die vom rechten Flügel rechts, und die vom linken Flügel links vorgeschriebenermaßen; die graden Nummern, oder die mit Zwey bezeichneten, gehen zurück um das 2te Gliede der debandirten Linie zu bilden, folgen der Nummer Eins, die ihnen zur Rechten stand und treten alsdann rechts über, wenn Eins den ihm in der Linie zukommenden Platz eingenommen hat. Die Premierlieutenants von der 1sten und 3ten Kompagnie und die 2ten Souslieutenants von der 2ten und 4ten Kompagnie gehen mit dem 1sten Gliede vor. An Unteroffizieren werden hierzu bestimmt, die Kommandanten der 2ten und 4ten Plotons jeder Kompagnie und einer der schließenden; mithin von jeder Kompanie dreye. Ferner von jeder Kompagnie Ein Hornist. Der Kommandeur des Bataillons führt die debandirte Linie selbst an, und überlässt den zurückbleibenden Theil des Bataillons der Leitung des 2ten Staabsoffiziers. Sollte jedoch die Anwesenheit des Bataillonskommandanten, bey dem zurückbleibenden Theile durch besondere Umstände nothwendig seyn, so übergibt er das Kommando der debandirten Linie einem von ihm zu bestimmenden Kapitän. – Nachdem die Aufstellung der Mannschaft vorgeschriebenermaßen geschehen, erfolgt das Signal: Avancirt!, worauf Alles zu seiner weiteren Bestimmung den Marsch vorwärts antritt.

§ 27

b.) Debandiren des 2ten Gliedes

Soll das 2te Glied zur Ablösung des tiraillirten 1sten Gliedes vorgehen, so verhält sich dieses 2te Glied, in Betreff der Formirung in der ausgedehnten Ordnung, grade so, wie das 1ste Glied. Mit dem 2ten Gliede gehen vor: die Premierlieutenants der 2ten und 4ten Kompagnie, und die 2ten Souslieutenants von der 1sten und 3ten Kompagnie, ferner 3 Unteroffitiere von jeder Kompagnie – welche vorher dazu bestimmt seyn müssen – und Ein Hornist. Der 2te Staabsoffizier führt die Ablösung dem Bataillonkommandanten zu und bringt die abgelößte Linie zu dem Bataillone zurück, welches sich im Zurückgehen wieder in Ein Glied formirt.

Ist das vorgehende 2te Glied dazu bestimmt, das 1ste Glied zu verstärken, so gehen alle Offiziere und Unteroffiziere – mit einem Worte, Alles, was nicht zur Reserve getheilt ist – mit diesem Gliede vor. In diesem Falle unterbleibt die Formirung. Es eilt nur, das 1ste Glied zu erreichen und stellt sich als 2tes Glied in der debandirten Linie auf. Das 1ste Glied hat indessen die zeither im 2ten Gliede aufgestellt gewesene Mannschaft aufgenommen und sich gehörig ausgebreitet. Da bey dem Abgange des 2ten Gliedes in dem ebenangeführten Falle die Reserve formirt werden muß, so kann sich der 2te Staabsoffizier nicht entfernen, und es ist daher die Sache des ältesten Kapitäns, das 2te Glied dem Bataillonkommandanten zuzubringen.

§ 28

c.) Debandiren des 1sten und 2ten Gliedes zusammen

Das Kommando des Bataillonkommandanten zu dieser Handlung ist:

H.A.! 1stes und 2tes Glied zum tairailliren vorwärts

Marsch – Marsch!

Beyde Glieder laufen 20 Schritte gerade vor. Während dieser Bewegung erfolgt das Signal: Auseinander! welches von den Kompagniehornisten wiederholt wird, so, daß wenn jene 20 Schritte zurückgelegt worden, die Mannschaft sich rechts und links, oder auch nach einem Flügel der gegebenen Vorschrift gemäß, ohne weitern Aufenthalt ausbreiten kann. Indessen formirt der 2te Staabsoffizier oder der dazu kommandirte Kapitän, die Reserve nach Anleitung des 25.§.

Ist die Formirung der debandirten Linie geschehen, so wird das Signal: Avancirt! gegeben, oder sonst ein anderes, dem Zwecke des Manövers entsprechendes Signal.

Bey dem Uebergange eines Bataillons in die ausgedehnte Ordnung ist noch Folgendes zu bemerken:

1.) So wie beyde Glieder in die ausgedehnte Ordnung übergehen, lößt sich das Fahnenploton auf, und ein Jeder geht auf seinen ursprünglichen Posten in der Kompagnie.

2.) Der Staabshornist befindet sich – wo möglich zu Pferde – stets in der Nähe und um die Person des Bataillons-kommandanten. Alle Signale, welche der Staabshornist giebt, werden von den Kompagniehornisten – jedoch nur von Einem p.Kompagnie – wiederholt. In sehr kupirtem Terrain und bey stürmischer Witterung kann wohl die Nothwendigkeit eintreten, alle Hornisten blasen zu lassen.

3.) Wenn die Mannschaft in die ausgedehnte Ordnung übergeht, so begeben sich die Halbendivisions-kommandanten hinter das 2te Glied ihres Zuges, weil sie von hier aus die Mannschaft besser übersehen und die nöthigen Hülfen geben können.

Ist aber die Mannschaft richtig aufgestellt, so nimmt jeder Zugskommandant seinen Posten auf dem rechten Flügel seines Zuges. Wird mit der debandirten Linie vorgerückt, so müssen sich die Zugführer zwey Schritte vor dem rechten Flügel ihres Zuges befinden und es wird dadurch von den sämmtlichen Zugführern eine besondere Linie gebildet. Auf diese Weise hat die Mannschaft ihren Zugführer gewissermaßen immer vor Augen. Beym Chargiren müssen sich jedoch die Offiziere – oder die Zugskommandanten – hinter dem 2ten Gliede aufhalten, weil sie hier unstreitig mehr Nutzen schaffen können, als auf dem rechten Flügel. Wenn es nicht darauf ankommt, durch ein gutes Beyspiel Muth zu erwecken, so bleibt der Kapitän stets hinter dem 2ten Gliede seiner Kompagnie, von wo aus kein Mann seiner Aufmerksamkeit wird entgehen können. Die Plotons führenden Unteroffiziere bleiben auch in ihrer Abtheilung im 1sten Gliede; alle übrigen Unteroffiziere bilden gewissermaßen das 3te Glied und müssen thätig seyn die Ordnung in der Linie zu unterhalten. – Das Vorrücken der Zugskommandanten findet bey allen Front- und Flankenbewegungen in der ausgedehnten Ordnung statt, doch ist wohl zu bemerken, daß im Retiriren die Offiziere hinter dem 1sten Gliede sind.

4.) Die Richtung im Frontmarsche ist nach der Mitte, mithin nach dem Offiziere von der 5ten halben Division. Der Adjutant muß dafür sorgen, daß er die Direkzion des Marsches genau erhalte. Ein besonderer Offizier zum Vormarschiren ist durchaus nicht nothwendig, weil jeder Zug seinen Offizier vor sich hat. Die Mannschaft darf nur dahin angewiesen werden, die Linie der Offiziere nicht zu überschreiten, und die Entfernung von einem Offizier zum andern stets auszufüllen.

5.) Die Scharfschützen gehen mit vor, und vertheilen sich in der debandirten Linie; und zwar die Schützen der 1sten Kompagnie stellen sich auf den rechten Flügel des Bataillons in zwey Glieder, gleich der übrigen Mannschaft auf, die der 2ten und 3ten Kompagnie in der Mitte des Bataillons, und die der

4ten Kompagnie auf den linken Flügel des Bataillons. Sind die Schützen bereits vor der Fronte in zerstreuter Ordnung, so gehen sie dennoch auf den ihnen vorgeschriebenen Platz, sobald als ein Theil des Bataillons sich debandiert.

§ 29

d.) Das Debandiren einzelner Züge und Divisions mit sämmtlichen 3 Gliedern

Der Bataillonskommandant giebt hierzu folgendes Avertissement:

H.A.! 1ste und 8te H.Division (2te und 3te Division:) - Rechter Flügel: / etc. zum Tairalliren vorwärts Marsch – Marsch!

Die benannten Züge oder der benannte Flügel des Bataillons laufen 20 Schritte vor, debandiren sich nach dem gegebenen Signale: Auseinander! aus der Mitte, und folgen hierauf der von dem Bataillons- oder Regiments-kommandanten gegebenen Bestimmung. Sollte ein Flügelzug dazu bestimmt seyn, die Flanke des Bataillons oder des Regiments zu decken, so muß der Zugkommandant, ehe er seinen Zug in die ausgedehnte Ordnung übergehen läßt, denselben diejenige Flanken-stellung geben, die zur Erreichung jener Absicht nöthig ist. Ein Zug, welcher zum Debandiren vorgeht, wird von den Offizieren und Unteroffizieren begleitet, welche in der geschlossenen Ordnung bey demselben eingetheilt sind. Eine verhältnißmäßige Anzahl Hornisten begleiten die vorgehenden Züge.

Alles, was in geschlossener Ordnung zurückbleibt, ist Reserve und nach dem nehmlichen Grundsätzen zu behandeln, die im 25. §, bey Formirung der Reserve aus dem 3ten Gliede, aufgestellt worden sind, mit dem einzigen Unterschiede, daß diese Reserve in 3 Gliedern rangirt bleibt.

§ 30

Einzelne Rotten aus den Zügen sollen nie zum Debandiren vorgeschickt werden, weil hierdurch der Zusammenhang des Ganzen gestört wird. Die vorhandenen Schützen machen den Gebrauch der einzelnen Rotten zum Debandiren ganz unnöthig.

3te Abtheilung

Das Sammeln

oder

Uebergang aus der debandirten Linie in die geschlossene Ordnung

§ 31

Zu dem Sammeln eines debandirten Bataillons können folgende Ursachen Veranlassung geben:

a.) Wenn man den Feind mit geschlossenen kleinen Trupps – Halbedivisions – angreifen oder sich auf diese Art gegen ihn vertheidigen will.

b.) Wenn der Angriff oder die Vertheidigung von dem ganzen geschlossenen Bataillon geschehen soll. – Auch nach beendigtem Gefecht, um ein Bataillon wieder zu sammeln.

c.) Wenn man auf einer Ebene von zahlreicher Kavallerie angegriffen zu werden, besorgen muß.

Jeder dieser hier aufgestellten Fälle erfordert ein besonderes Verhalten.

§ 32

a.) Sammeln in Halbendivisions

Auf das Signal: Zusammen! versammelt sich jede Halbedivision nach ihrer Mitte. Der Offizier, oder Zugkommandant rangirt die Mannschaft in möglichster Geschwindigkeit. In dieser Stellung erwarten die Züge das folgende Signal, was ihnen anzeigen wird, ob das Bataillon sich ganz vereinigen, oder ob die Züge getrennt eine vorgehende oder rückgängige Bewegung machen, oder aber eine vertheidigende geschlossene Stellung annehmen sollen.

Während, daß sich die Halbendivisions vorgeschriebener-maßen sammeln, dehnen sich die Schützen des Bataillons vor den Halbendivisions aus und decken auf diese Weise nicht allein die Formirung, sondern auch die hierauf folgenden Bewegungen der einzelnen Halbendivisions.

§ 33

b.) Sammeln des ganzen Bataillons

Das Sammeln der Halbendivisions in sich, geht jederzeit voraus. Hierauf wird das Signal: Zusammen! wiederholt, nach Maßgabe, ob die Formirung auf dem rechten Flügel oder auf dem linken Flügel, oder in der Mitte geschehen soll. So wie das Signal gegeben ist, machen die Halbendivisions die Wendung dahin, wo gesammelt wird, nehmen das Gewehr zur Seite rechts, aber ziemlich wagerecht, und laufen nach dem Formirungsplatze, wo bereits die Alignementspunkte stehen müssen, nach welchen das Bataillon sich einrichten soll.

Anmerkung: Wenn eine geschlossene Abtheilung in der Wendung mit Gewehr zur Seite rechts laufend Terrain gewinnen soll, so müssen sich die Rotten und Glieder um etwas öffnen, um bequemer laufen zu können.

In dem Falle, dass das 3te Glied als Reserve aufgestellt war, muß es eben so geschwind, als das Sammeln des Bataillons geschieht, hinter die Mitte des Bataillons zu gelangen suchen, wo der Kommandant der Reserve die Abtheilung durch Rechts- und Linksum in das Bataillon einrücken lässt. Sollte er hinter einem Flügel des Bataillons sich befinden, so kann er von hier aus einrücken lassen, ohne erst mit dem Ganzen nach der Mitte zu marschiren.

Den Fall angenommen, daß die Formirung des Bataillons in einer gewissen Entfernung rückwärts oder in der Flanke der Stellung für zweckdienlich erachtet würde, so läßt der Bataillonskommandant im ersten Falle das Signal: Zurück! und alsdann das Signal: Zusammen! blasen. Lezteres jedoch nicht eher, als bis die Halbendivisions sich dem Punkt nähern, wo der Bataillons-kommandant die Vereinigung des Bataillons beabsichtigt. Aehliche Bewegungen in die Flanken der Stellung geschehen auf die Avertissementssignale: Rechts! oder Links! – So kann man auch das Sammeln auf beyde Flügel der Stellung vornehmen, indem man die Hälfte des Bataillons rechts und die andere Hälfte desselben links zusammenzieht. Die Anwendung beyder Avertissementssignale wird zur Ausführung die Anleitung geben.

§ 34

d.) Das Sammeln, um eine Stellung gegen Kavallerie in der Ebene zu nehmen

Diese Absicht kann durch die Formirung eines Quarrées und durch die Stellung en Echiquier erreicht werden.

1.) Formirung eines Quarrées

A.) Wenn die zwey vordersten Glieder debandiren und das 3te Glied zur Reserve aufgestellt ist.

Um diese Absicht der debandirten Linie zu erkennen zu geben, wird das Signal: Zusammen! ohne Unterlaß von allen Hornisten geblasen, und zwar so lange, bis das das Skelet des Quarrées durch das 3te Glied aufgestellt ist; denn nun wird Niemand mehr über die Absicht in Zweifel seyn können. Zuvörderst sammeln sich die Halbendivisions in sich, und hierauf eilt jede Halbedivision den Weg dahin, wo bereits das 3te Glied im Quarrée aufgestellt ist, um sich vor diesem zu plaziren. Sobald der Kommandant der Reserve von der Absicht ein Quarrée zu formiren unterrichtet ist, läßt er sofort, ohne erst in ein Glied aufmarschiren zu lassen, das Quarrée formiren. Die Schützen decken in der ausgedehnten Ordnung das Sammeln und die Formirung das Quarrées und suchen nach und nach dasselbe zu umfassen. Sie bleiben so lange außerhalb des Quarrées, bis der Kommandant für nöthig findet, sie herein zu ziehen.

B.) Wenn einzelne Abtheilungen des Bataillons mit ihren drey Gliedern debandiren.

Die Halbendivisionen sammeln sich einzeln, wie vorgeschrieben worden, und hierauf läuft jede derselben nach dem Orte hin, wo die Reserve bereits Theile des Quarrées wird gebildet haben, und wo die ankommenden Halbendivisionen den Platz im Quarrée einnehmen, der ihnen bey der Formirung ursprünglich angewiesen ist.

2.) Die Stellung en Echiquier, wenn die zwey vordersten Glieder debandirt waren.

Soll diese Stellung genommen werden, so wird das Signal: Zusammen! in der nehmlichen Maaße geblasen, wie bey der Quarrée-Formirung, und die Tambours bey der Reserve schlagen einen langen Wirbel, da doch billig vorausgesetzt werden kann, daß der Kommandant der Reserve von der Absicht, die Stellung en Echiquier zu nehmen, in dem Augenblicke des Sammelns wird unterrichtet worden seyn.

Die Reserve bleibt in zwey Glieder geschlossen und die Halbendivisions derselben ziehen sich von der 3ten Halbendivision rechts und resp. links so weit auseinander, daß zwischen jeder derselben die Distance einer Halbendivision bleibt. Die geschlossenen Halbendivisions der debandirt gewesenen Linie, marschiren laufend zurück. Die graden Halbendivisions setzen sich 20 Schritte vor die Intervallen der Halbendivisions des 3ten Gliedes, und die ungraden Halbendivisions 20 Schritte vor die Intervallen der graden Halbendisions.

Damit die zurückkommenden Halbendivisions wegen des einzunehmenden Platzes in keiner Ungewißheit bleiben, so läßt jeder Kommandant der 4 Halbendivisions des 3ten Gliedes, sobald sie feststehen, die auf dem rechten und linken Flügel stehenden Unteroffiziere – Erstern 40 und Letztern 20 Schritte – grade vorwärts gehen. Diese 8 Punkte bezeichnen den ankommenden Halbendivisions ihre Stellung so genau, daß durchaus kein Irrthum entstehen kann.

Die Schützen decken den Rückmarsch der Halbendivisions, und heirauf die Front, die Flanken und den Rücken der Stellung, wie beym Quarrée. Werden sie gedrängt oder von dem Kommandanten zurück gezogen, so müssen sie in den Intervallen sich aufstellen und zwar in jeder Intervalle die Hälfte der Schützen einer Kompagnie.

Diese Stellung hat den Vortheil, daß sie auch zum Angriff geschickt ist; nicht so das Quarrée.

Die zweyte Linie kann, wenn es nöthig ist, die Flanken schließen, oder nach Umständen die 1ste und 3te Linie verstärken, unterstützen, und die Intervallen ausfüllen.

Es versteht sich von selbst, daß die 3te Linie Rechtsumkehrt macht, sobald der Rücken der Stellung bedroht wird.

VII^{ter} Abschnitt
Ueber den Unterricht der Soldaten der leichten Infanterie zu Benutzung des Terrains

§ 35

Die wichtigsten Dienste, welche man sich von der leichten Infanterie zu versprechen hat, finden hauptsächlich im durchschnittenen Terrain Statt, wo sie durch die Kunst in ausgedehnter Ordnung zusammenhängende Bewegungen zu machen, durch richtiges Schießen und durch Gewandheit des Körpers der Linien-Infanterie überlegen ist, und ihre Unterstützung mehrentheils entbehren kann. Wenn daher die leichte Infanterie auf dem ebenen Exerzirplatze im debandirten Fechten hinlänglich unterwiesen ist, so muß man sie nun in durchschnittene Gegenden führen, und daselbst lehren, von allen Bäumen, Hecken, Zäunen, Mauern, Häusern, Gräben, Dämmen, Erhöhungen und Vertiefungen des Bodens, Weinbergen, Getreidefluren etc., kurz, von jedem noch so geringfügigen Gegenstande Gebrauch zu machen, wenn man sich nur dahinter vor feindlichen Kugeln bergen, unbemerkt aufhalten, heran- und zurückschleichen kann. Die Wälder, wo dem Landmanne nichts verdorben werden kann, sind vorzüglich für die Uebungen in Friedenszeiten geeignet. Hier kommt es bey den debandirten Linien nicht mehr auf Richtung und gleiche Distancen der Rotten, sondern nur auf Zusammenhang und gute Benutzung des Terrains an. Die Linie dehnt sich soweit aus, als die Gegend, welche sie besetzen müssen, z.B. die Größe eines Waldes, eines Grabens etc. erfordert. An einzelnen Punkten, die gut zu vertheidigen sind, und von welchen ein sehr wirksames Feuer anzubringen ist, z.B. Reihen Bäume oder Vertiefungen, sammeln sich mehr leichte Infanteristen, (mehr Rotten) als an andern, wo dieses nicht Statt findet, und jede Rotte sucht nur für sich einen Punkt zu besetzen, wo sie einigermaßen gedeckt ist, und von einem zum andern im Avanciren und Retiriren zu kommen. Es kommt daher auch nicht darauf an, ob dergleichen Stellen gegen die übrigen Linien etwas vor- oder zurückstehen, so lange der Zusammenhang nicht unterbrochen ist. Z.B. beym Retiriren vertheidigen diejenigen Rotten, welche gut postirt sind, ihren Punkt so lange und schargiren auf der Stelle, bis sie Gefahr laufen, von den ihnen zur Seite zurückgedrängten Rotten ganz abgeschnitten zu werden. Alsdann laufen sie so schnell als möglich zurück, bis sie sich wieder in der Linie befinden.

Folgende Regeln müssen hierbey jeder Rotte scharf eingeprägt werden:

1.) Sich nie von den Nebenrotten zu beyden Seiten so weit zu entfernen, daß man sie aus dem Gesicht verliert.

2.) Beständig die größte Aufmerksamkeit auf die Signale zu richten, und den Sinn derselben in jeder Lage möglichst auszuführen, auch sich nicht durch einen anscheinenden Vortheil an einem Punkte verleiten zu lassen, zu avanciren, während der Rückzug im Ganzen für nöthig gefunden wird, und alle Mittel zu versuchen um vorzudringen, wenn zum Avancieren geblasen wird.

3.) Niemals zu feuern, wenn man nicht bey gehöriger Richtung des Gewehrs einen Feind zu treffen beynahe gewiß wäre, und immer bey jeder Rotte einen Schuß in einem Gewehr zu haben.

4.) Sich nie von seinem Kameraden in der Rotte zu trennen; wenn er aber im ernstlichen Gefechte blessirt werden sollte, ihm schnell die allenfalls mögliche Hülfe zu leisten und sich dann als 3ter Mann der nächsten Rotte zur Rechten oder zur Linken zuzugesellen.

§ 36

Um die Leute desto besser zur Ausübung dieser Regeln und zu Anwendung der erlernten Grundsätze auf alle möglichen Fälle anhalten zu können, müssen zuweilen kleine Abtheilungen von halben und ganzen Kompagnien – endlich auch größere – gegen einander aufgestellt werden, welche sich gegenseitig als Feinde betrachten, Wälder, Dörfer, Höfe, Brücken und andere Defilées vertheidigen und angreifen, Stellung nehmen, Patrullen zur eignen Sicherheit oder zur Auskundschaftung des Feindes ausschicken, zu überflügeln und in Verstecke zu legen, und kurz alles zu bewerkstelligen suchen, wozu Genie, Erfahrung, Terrain und die Fehler des Feindes brave leichte Truppen berechtigen zu können.

Wenn die gegenseitigen Plänkler auf einander stoßen, so feuern ohne weitere Anweisung diejenigen Rotten, welche dem Feinde schußrecht gegenüber sind, auf die §.18 bis 22 gezeigte Art mit Wechselung der Glieder. Nur ist zu bemerken, daß die Rotte agirt ohne sich um die Stellung der Nebenrotten zu bekümmern, außer daß sie im Avanciren beym Vorwärtslaufen und im Retiriren beym Zurücklaufen darauf Rücksicht zu nehmen hat, dass sie immer mit der Linie in gleicher Höhe bleibt.

Eine debandirte Linie wird nie im heftigen und allgemeinen Feuer mit Rechts- oder Linksum marschiren können. Ist daher eine Flankenbewegung im Feuer ungestümer feindlicher Plänkler nöthig, so kann solche nur nach § 23 ausgeführt werden. Ein Graben oder Damm, unter dessen Schutz man fortrückt, würde hier sehr zu Statten kommen.

§ 37

Da es übrigens dem Kommandirenden nicht möglich ist, eine beträchtliche Anzahl in waldigten und unebenen Gegenden zerstreuter Schützen, zumal während eines lebhaften Tiraillirens, gehörig zu übersehen, auch selbst der Ton der Schüsse in einiger Entfernung bekanntlich oft sehr täuscht, so ist das 1ste Signal: Achtung! oder Ruf genannt, erforderlich. Dieses Signal besteht aus einzelnen Tönen, die von allen andern Signalen merklich unterschieden sind. Wenn der Kommandirende nicht weiß, in welcher Höhe sich die entfernten Rotten im durchschnittenen Terrain befinden, und befürchtet, daß ein Theil gegen den andern zu sehr vor- oder zurückkommen möchte, so lässt er durch den immer bey ihm befindlichen Bataillonshornisten dieses Zeichen geben. Dieses Signal wird jedes Mal von allen Hornisten, welche sich in der Linie befinden, wiederholt. Jeder Offizier wird nun von selbst beurtheilen können, wie weit die Linie vor oder zurück ist und hiernach seine Bewegung einrichten. Auch wenn einzelne Trupps zu Durchsuchung einer Gegend, zu Avantgarden, Arriergarden und Seitenpatrullen detaschirt werden, ist dieses Zeichen, vorzüglich bey Nachtzeit oder neblichtem Wetter von großem Nutzen, damit sich solche nicht vom Haupttruppe verirren. Doch muß man immer sehr vorsichtig seyn, um den Feind nicht durch dieses Signal von unserer Stellung zu unterrichten. Es ist daher bey solchen Gelegenheiten vorzugsweise des Pfeifchens sich zu bedienen, welches jeder Offizier und Unteroffizier bey sich führt. Ueberhaupt ist der Gebrauch des Pfeifchens in vielen Vorfällen nützlich, und oft unentbehrlich. Z.B. wenn man sich – wie schon gesagt – durch das Hornsignal nicht verrathen will und darf. Ferner zu heimlichen Märschen, bey Patrullen und allen Detaschements, wo kein Hornist dabey ist. Auch wenn ein Hornist todtgeschossen oder unbrauchbar wird.

§ 38

Die leichte Infanterie befindet sich gewöhnlich an der Tête der Kolonnen, - sie wird zu Avantgarden u.dergl.m. gebraucht. Es ereignet sich daher nicht selten, daß Abtheilungen leichter Infanterie, eine Brücke, einen Damm, Hohlweg oder sonstigen engen Paß, ohne Unterstützung anderer Truppen, wegnehmen müssen, und ein solches Defilée nicht umgehen können. Wenn in diesem Falle die Spitze auf den Feind stößt und derselbe zwar nicht auf der Stelle weichen will, aber doch kein Geschütz bey sich hat, und man sich im Ganzen ihm überlegen findet, so sammelt man in der Geschwindigkeit die Mannschaft in einzelne hintereinanderstehende Plotons, geht mit dem 1sten Ploton, ohne sich lange zu besinnen, grade auf den Feind los, hält auf der Weite eines wirksamen Gewehrschusses, und schickt ihm ganze Plotonsalven zu. Will der Feind noch nicht weichen, so läßt man, wenn das nächste Ploton nahe herbeygekommen ist, - indem die hintern Plotons immer vorrücken – Rechts- und Linksum machen, und auf beyden Seiten der Kolonne herunterlaufen, bis hinter das letzte Ploton, wo das Zurückgelaufene sich wieder sammelt, ladet und den übrigen nachrückt. Das zweyte Ploton rück an die Stelle des erstern vor, feuert, und kann sich ebenfalls durch Recht- und Linksum hinter die Kolonnen ziehen, wenn das dritte Ploton herankommt. Besser aber ist es, wenn es dem Feind so nahe als möglich rückt, ein wirksames Plotonfeuer giebt, und sich dann mit gefälltem Bajonette in den Feind stürzt. Alle hintere Plotons folgen alsdann so schnell als möglich, und suchen, das vorderste noch zu ereilen. So dringt die ganze Kolonne unaufhaltsam bis an das Ende des Defilées vor. Hier setzen sich die beyden ersten oder vordersten Plotons rechts und links des

Defilées. Die übrigen laufen dazwischen durch, debandiren, und verfolgen den fliehenden Feind. Braucht man nicht so viele Plänkler, so behält man von den letzten Plotons noch einige zu Haupttrupps zurück.

§ 39

Auch ohne im Quarrée zu stehen, muß der leichte Infaterist sich nicht für verlohren halten, wenn er gezwungen ist, sich einzeln mit dem einzelnen Kavalleristen zu messen. Die leichten Vortheile, welche im Gefecht im freyen Felde Letzterer gewöhnlich über Erstern erhält, hat er meistens nicht sowohl seiner unbedingten Ueberlegenheit, als der Feigheit und Ungeschicklichkeit seines Gegners zu verdanken. Da es nun öfters geschieht, daß unter den Kavallerieplänklern in der Ebene leichte Infanteristen fechten müssen, so kann man nicht genug Mühe anwenden, um durch, zur rechten Zeit zweckmäßig angebrachte Belehrung dem Infanteristen die allzu große Furcht vor einem berittenen Gegner zu benehmen, und ihn mit den Mitteln bekannt zu machen, die Muth und Geschicklichkeit dagegen an die Hand geben können. Kann der vereinzelte Infanterist, wenn er einen Reiter auf sich zukommen sieht, einen Baum gewinnen, der einen Theil seines Körpers deckt, so gewährt ihm dieses große Vortheile; wo nicht, so erwartet er seinen Gegner ruhig im Anschlage, indem er ihm auf das Herz hält. Hat der Reiter einen Küras, so hält er auf das Pferd. Er drückt nicht eher los, bis Ersterer nur noch 20 Schritte entfernt ist. Sollte er dennoch durch einen besonders unglücklichen Zufall fehlen, oder versagt ihm sein Gewehr, oder kommen zwey Kavalleristen auf ihn los, wovon er nur einen erlegen könnte, so vertheidigt er sich noch mit dem Bajonet, sucht des Feindes linke Seite zu gewinnen und sein Pferd niederzustoßen.

Es ist indessen schon ein Fehler, wenn ein einzelner Infanterist in diese Lage kommt, weil nie weniger als zwey Mann mit einander gehen dürfen. Diese können sich einem Paare Kavalleristen schon recht gut widersetzen, wenn sie hart an einander schließen und immer ein Gewehr geladen behalten, wenn das andere abgefeuert wird. Können zwey Rotten gemeinschaftliche Sache machen, so ist dieses um so besser. Um die Leute daran zu gewöhnen, kommandirt der Offizier zuweilen plötzlich: Kavallerie! Auf diesen Befehl schließen sich zwey und zwey Rotten, nehmlich die 1ste und 2te, die 3te und 4te, die 5te und 6te u.s.f. dergestalt dicht aneinander, dass die 4, 5 oder 6 Mann, woraus sie bestehen, nach allen Seiten Front machen und sich also die ganze Kette in kleine Quarrées verwandelt. Wird hierauf wieder vorwärts oder zurück geblasen, so bleiben die Rotten, welche auf diese Art im Nothfall zusammenschließen müssen, blos mit einem Zwischenraume von 2 Schritten neben einander, bis es anders befohlen wird. Die Distance von einer solchen Doppelrotte zur andern wird um so viel größer. Wir gefeuert, so schießt jede Doppelrotte für sich, mit genauer Beobachtung der gegebenen Vorschriften über das Abnehmen der Feuer, damit immer ein Theil in Bereitschaft ist, wenn der andere Theil abgefeuert hat. Diese kleinen Quarrées müssen eine Stellung en Echiquier annehmen, um sich gewissermaßen gegenseitig besser unterstützen zu können, und durch ihr eigenes Feuer einander nicht zu schaden.

In jedem Falle hat sich die debandirte Infanterie, sobald Kavallerie dabey ist, mit doppelten Rotten formirt. Dies kann auf ausdrücklichen Befehl des

Kommandirenden gleich Anfangs beym Auseinanderlaufen geschehen. Zwey und zwey Rotten bleiben nehmlich immer an einander hängen, und entfernen sich von der nächsten Doppelrotte um 8 bis 10 Schritte. Hier hält die erste oder zweyte Rotte, je nachdem links oder rechts debandirt wird, und die andere schließt sich bis auf 2 Schritte heran. Das 2te Glied tritt dann, wie gewöhnlich, 2 Schritte zurück und um einen Schritt rechts.

§ 40

Die in den §.§. 35 bis mit 39 aufgeführten Beyspiele werden den Bataillons- und Regiments-Kommandanten der leichten Infanterie hinlänglich Anleitung geben, zu dem Unterrichte der Offiziere und der Mannschaft das rein taktisch Erlernte zweckmäßig anzuwenden, d.h. die reine Taktik mit der angewandten in Verbindung zu setzen. Vor Allem muß der Offizier der leichten Infanterie sich die Kunst eigen zu machen suchen, das vorliegende Terrain geschwind und richtig abzufassen, und beurtheilen lernen, ob dieses oder jenes Angriffs- oder Vertheidigungsmittel für das vorliegende Terrain anwendbar und ausführbar sey. Ein rascher Entschluß muß hierauf folgen und die Ausführung augenblicklich geschehen. Handelt der Offizier mit Entschlossenheit, so werden es seine Untergebenen auch thun. Das Beyspiel wirkt mehr, als die fürchterlichste Strenge.

VIII^{ter} Abschnitt
Vom Zielschießen

§ 41

Das Zielschießen ist für jeden Infanteristen von dem größten Nutzen, um so mehr aber für den, dessen Bestimmung es ist, in zerstreuter Ordnung zu fechten. Die Uebung im Zielschießen gehört daher unter die unentbehrlichsten Gegenstände des Unterrichts bey der leichten Infanterie. Hier lernen die Soldaten erst ihr Gewehr mit allen seinen Theilen genau kennen und behandeln, lernen die Entfernungen schätzen und den Schaden beurtheilen, welchen sie einem gegenüber stehenden Feinde zufügen und dagegen von ihm befürchten können. Sie erlangen durch diese Uebungen hiernächst die nöthige Zuversicht.

§ 42

Zum Zielschießen wird ein großer Platz ausgesucht, wo man vier Scheiben in einiger Entfernung nebeneinander aufstellen kann, und zwar dergestalt, daß zwischen einer jeden Scheibe und dem Standpunkte, von welchem aus geschossen werden soll, eine ebene Fläche von wenigstens 300 Schritten, hinter der Scheibe aber ein hohes Revier, oder ein erhöheter Erdkasten angebracht befindet, aus dem ein Theil des verschossenen Bleyes wieder erlangt werden kann.

Die Scheibe besteht aus einem Viereck von 6 Fuß Höhe und 6 Fuß Breite, auf welchem die Umrisse dreyer männlicher Figuren, in der Mitte dieser Figuren aber zehen Zirkel mit Innbegriff des Nagels, wie bey einer gewöhnlichen Scheibe, deutlich angegeben, und letztere beziffert werden.

§ 43

Zu einer jedesmaligen Uebung im Scheibenschießen wird von jeder Kompagnie eines Bataillons ein Ploton gezogen, und da jede Kompagnie ihre eigene Scheibe hat, so feuern die 4 Plotons des Bataillons zu gleicher Zeit. Jeder Mann verfeuert vier Patronen, und zwar zweye mit Auflegen und zweye aus freyer Hand. Es wird hierüber eine namentliche Schußliste gefertiget, und jedem die Nummer des Zirkels, den er getroffen, eingetragen, oder der fehlende Schuß bemerkt. Die Scheiben werden durch Gemeine vor dem Ploton hergetragen, welche die Zeiger dabey machen, in die Schußlöcher Pflöcke einschlagen und den Schuß, welcher die Scheibe getroffen, anzeigen.

§ 44

Auf dem Schießplatze marschirt jedes Ploton – oder Kompagnie – ihrer Scheibe gerade gegenüber in der vorgeschriebenen Entfernung hinter dem Schießstande auf. Anfangs nimmt man nur höchstens 80 Schritte; nachher setzt man aber bey jeder wiederholten Uebung zu, bis auf 250 Schritte, wobey man stehen bleibt, zuweilen aber doch auch Versuche mit weiteren Entfernungen machen kann, um den Leuten begreiflich zu machen, in welcher Weite und mit welchem Anschlage man dem Feinde zu schaden hoffen darf.

Nun unterrichtet man die Leute, wie sie vorsichtig und gut laden sollen. Man lehrt sie aufmerken, daß während des Ladens der Hahn nicht gespannt und die Batterie wohl geschlossen seyn muß, und daß die

Kugel nicht eher in den Lauf gelassen wird, bis das Pulver alle aus der Patrone gelaufen ist. Ferner, daß sie den Schuß mit dem Ladestocke wohl aufsetzen und das Gewehr nicht eher als gehörig geladen betrachten, bis der Ladestock beym Hineinwerfen gewissermaßen zurückprallt. Fernerhin lehrt man sie immer die Mündung so halten, dass das Gewehr bey zufälligem Losgehen Niemand beschädigen kann.

Man lässt nunmehro jeden Mann, mit Einschluß der Unteroffiziere, einen nach dem andern durch Abrufung des Namens auf den angemerkten Punkt treten und auf die Scheibe schießen, vorher aber durch einen Hornisten das Signal: Achtung! blasen, um den Zeiger auf den Schuß aufmerksam zu machen. Versagt das Gewehr, so tritt der Mann zurück, und forscht nach der Ursache unter Aufsicht eines Offiziers. Während dessen fahren die andern fort, und er tritt aufs Neue vor, wenn sein Gewehr wieder in Stand ist.

§ 45

Die anwesenden Offiziere sind bemüht, dem Soldaten Alles recht deutlich zu erklären und darauf aufmerksam zu machen; daß sie den Kolben fest an die rechte Schulter andrücken, das Gewehr mit der linken Hand ruhig halten mit dem rechten Auge das Visir und das Korn in gleichem Maaße zusammennehmen und langsam mit dem Gewehre von unten heraufzufahren, bis der Mittelpunkt des Zieles mit beyden in eine Linie fällt. In diesem Augenblicke wird losgedrückt, jedoch mit der Vorsicht, daß das Gewehr nicht aus der Lage komme; denn die geringste Veränderung in der Lage des Gewehrs hat einen bedeutenden Einfluß auf die Bahn der Kugel.

Der Offizier erkläre hierbey dem Soldaten den Unterschied zwischen der Schusslinie oder Kugelbahn, und der Richtungs- oder Visirlinie, mit Bemerkung der Schußweiten.

Es ist nehmlich die Richtungs- oder Visirlinie diejenige Linie, in welcher das Auge des Schützen, die Gruppe (oder Visir) das Korn und den Gegenstand des Zieles eine Linie bildet; die Schußlinie oder Kugelbahn hingegen ist die Linie, welche die aus dem Laufe geschossene Kugel beschreibt, und zwar ein Bogen, mithin auch mit der Richtungs- oder Visirlinie niemals gleichlaufend oder parallel seyn kann.

Die Richtungs- oder Visirlinie wird also von der Schusslinie oder Kugelbahn zwey Mal durchschnitten, das erste Mal kurz vor der Mündung und das zweyte Mal in der Entfernung, welche durch die Krafft der Ladung, durch das Kaliber, durch die Länge des Rohrs und der hintern Stärke desselben bestimmt und erlangt wird, und der eigentliche Kern oder Visirschuß eines Gewehrs ist.

Hieraus ergiebt sich, daß nur ein Punkt in der Schußlinie ist, wo man unmittelbar auf den Gegenstand zielen oder visiren kann, welchem man treffen will, auf einen näher liegenden Gegenstand aber niedriger, auf einen entferntern hingegen, höher zielen müsse, so, daß man z.B. wenn der Visirschuß eines Gewehrs 200 Schritte ist, auf eine kürzere Distance niedriger, auf eine entferntere aber, höher anzuschlagen hat.

Nach gemachten Erfahrungen kann man annehmen, daß, um einen Infanteristen zu treffen, man auf 100 Schritte auf das Knie, auf 150 Schritte in die Linie der beyden Hüften, auf 200 Schritte auf den Kopf, und bey noch entferntern Distancen immer noch höher zu visiren habe. Dieses sind jedoch nur allgemeine Bestimmungen, welche jeder Soldat, wenn er sich auf sein Gewehr eingeschossen hat, nach den gemachten Erfahrungen verändern kann. Man ersieht also hieraus die Nothwendigkeit, daß ein jeder Soldat sein Gewehr, auf welches er sich eingeschossen hat, unverändert behalten muß. Es dürfen Vertauschungen der Gewehre nur im äußersten Nothfalle gestattet werden.

Um den Soldaten die erforderliche Fertigkeit in Schätzung der Distancen oder Schussweiten beyzubringen, muß man ihm öfters Distancen schätzen, und solche alsdann von ihm durchschreiten lassen, damit er sich überzeuge, in wie fern seine Schätzung richtig gewesen sey oder nicht.

Es ist jedoch hierbey auf die Beurtheilung von Flächen sich nicht allein zu beschränken, sondern das Auge des Soldaten muß auch für Höhen und Tiefen geübt, und ihm dabey gelehrt werden, daß wenn er auf einer Höhe, sein Gegner aber in einer Tiefe steht, er Letztern auf 350 Schritte treffen könne, wenn er auf dessen Kopf zielt; dagegen Bergauf wenigstens auf die Brust zielen müsse, wenn er einen Mann auf 200 Schritte erreichen will.

§ 46

Wenn die Soldaten im Zielschießen einige Fertigkeit erlangt haben, so lässt man einzelne Rotten, in ab- und zunehmenden Distancen von 300 bis zu 100 Schritten, und umgekehrt im Avanciren und Retriren auf die Scheibe schießen, welche hier ganz wie ein gegenüber stehender Feind betrachtet wird. Endlich kann man auch wohl nach beweglichen Zielen schießen lassen.

§ 47

Auf der Schießstätte muß strenge Ordnung gehalten werden. Es muß die größte Ruhe herrschen, damit die Aufmerksamkeit nicht gestört werde. Faulheit und Unwillen muß zwar, wie überall, streng geahndet werden; aber jeder Vorgesetzte – bedenke wohl, daß durch Strenge und mechanisches Bearbeiten niemals gute Schützen gebildet werden, und daß er diesen Zweck nur durch eigenen Eifer und gutes Beyspiel, durch wohlwollende Belehrung und vorzüglich durch Aufmunterung und Erweckung von Ehrgeitz und Wetteifer erreichen kann. Besonders muß man den Leuten Vergnügen am Scheibenschießen beyzubringen suchen. Nach jedem Scheibenschießen lässt man die Scheibe vor die Front bringen, zieht die besten Schützen heraus, lobt sie, und theilt ihnen zuweilen kleine Preise aus.

§ 48

Nach geendigtem Scheibenschießen werden die Gewehre genau visitirt, ob keines noch geladen, oder irgend eine Reparatur daran nöthig ist. Für Letztere muß sogleich Sorge getragen werden; die noch geladenen Gewehre aber werden losgeschossen, oder ausgezogen.

Hierauf erst wird abmarschirt, und die Leute sind in dem Quartierbezirke der Kompagnie zu entlassen.

Dresden, am 24.April 1810.

I n h a l t

		Seite
Einleitung		2
Vorerinnerung		3

Erster Abschnitt

§ 1   Ueber das Nummeriren beym Stellen   4

Zweyter Abschnitt

§ 2 ⌐ Von der ausgedehnten Ordnung im
§ 3 ├ Allgemeinen und von den Signalen   4
§ 4 ⌐

Dritter Abschnitt

§ 5   Anweisung zum Debandiren   7

Vierter Abschnitt

§ 6 ⌐
§ 7 │
§ 8 │
§ 9 │
§ 10 ├ Von den Bewegungen in ausgedehnter
§ 11 │ Ordnung   10
§ 12 │
§ 13 │
§ 14 ⌐

Fünfter Abschnitt

§ 15 ⌐
§ 16 |
§ 17 |
§ 18 |
§ 19 ├ Vom Schargiren in der ausgedehnten
§ 20 | Ordnung   20
§ 21 |
§ 22 |
§ 23 ⌡

Sechster Abschnitt

Anweisung zu dem Tgrailliren eines Bataillons, mit
möglichster Rücksicht auf alle dabey vorkommenden
Fälle

§ 24   Allgemeine Regeln   28

§ 25   Formirung der Reserve aus dem 3ten Gliede

§ 26   Debandiren des 1sten Gliedes

§ 27   Debandiren des 2ten Gliedes

§ 28   Debandiren des 1sten und 2ten Gliedes
        zusammen

§ 29   Das Debandiren einzelner Züge und
        Divisions mit sämtlichen 3 Gliedern

§ 30   Einzelne Rotten aus den Zügen sollen nicht
        zum Debandiren vorgeschickt werden

§ 31 ⌐ Das Sammeln, oder der Uebergang aus

§ 32 ├ der debandirten Linie in die geschlossene

§ 33 ⌐ Ordnung

§ 34   Das Sammeln, um eine Stellung gegen Kavallerie in der Ebene zu nehmen

Siebenter Abschnitt

§ 35 ⌐

§ 36 |

§ 37 ├ Ueber den Unterricht der leichten

§ 38 | Infanterie zur Benutzung des Terräns   41

§ 39 |

§ 40 ⌐

Achter Abschnitt

§ 41 ⌐

§ 42 |

§ 43 |

§ 44 ├ Von dem Zielschießen   50

§ 45 |

§ 46 |

§ 47 |

§ 48 ⌐

———

Signale auf dem Horne

für die

Königl. Sächs. leichte Infanterie

<u>1tes Signal:</u> Achtung! oder der Ruf!

<u>2tes Signal:</u> Rechts! (Avertissements-Signal) (Mäßig)

<u>3tes Signal:</u> Links! (Avertissements-Signal) (Munter)

<u>4tes Signal:</u> Auseinander (Deutlich)

<u>5tes Signal:</u> Avancirt! oder Vorwärts! (bei Geschwindschritt etliche Male wiederholt.) (Deutlich)

(zum Laufen, sehr geschwind und so lange fort geblasen, bis die Bewegung erfolgt ist.)

6tes Signal: Zurück! oder Retirirt! (bei Geschwindschritt etliche Mal wiederholt.) (Nicht sehr geschwind)

(zum Laufen, sehr geschwind und so lange fort
geblasen, bis die Bewegung erfolgt ist.)

7tes Signal: Wendung! oder die Silbe Um! (Mäßig)

8tes Signal: Ziehen! (Mäßig, eher langsam)

9tes Signal: Flügel vor! oder Schwenken! (Lebhaft)

10tes Signal: Halt! (mit viel Nachdruck und langsam)

11tes Signal: Zusammen! (Geschwind)

12tes Signal: Schützen vor! (Lebhaft)

13tes Signal: Schützen zurück! (Lebhaft)

14tes Signal: Nicht chargirt! (Nicht geschwind)

An weiteren Reglements sind in dieser Reihe
erschienen:

**Unterricht für die Scharfschützen bey der
Churfürstlich Sächsischen Infanterie vom Jahre
1804**

herausgegeben von Jörg Titze / Noten Thoralf Titze